ISBN 3-614-51404-8

Printed in Hong Kong

Geschichten aus dem Holzhaus

Willi Waschbär, der Retter

englischer Originaltext von Lucy Kincaid
ins Deutsche übertragen von Gisela Fischer
illustriert von Eric Kincaid

Pestalozzi-Verlag, D 8520 Erlangen

Die Entdeckung

Otto ist mit seiner Werkzeugtasche zu einem Haus ins Dorf gerufen worden. Der Griff einer Schranktür war locker, und außerdem wackelte die Tür in den Angeln. Die kleine Frau Schmidt wollte das in Ordnung gebracht haben.
Willi ging mit, um Otto Gesellschaft zu leisten und um ihm zu helfen.
Frau Schmidt hatte den ganzen Schrank bereits ausgeräumt, damit es sich leichter arbeiten ließ.
„Das müßte in wenigen Minuten erledigt sein", meinte Otto. „Ich muß nur ein paar alte Schrauben durch neue ersetzen."
Willi stand innen im Schrank und hielt die Angel fest, während Otto sie von außen festschraubte. Da öffnete Frau Schmidt im Erdgeschoß ein Fenster. Ein starker Zugwind fegte die Treppen hinauf, traf auf die Schranktür und schlug sie mit lautem Knall zu.
Willi war drinnen, Otto draußen, und die Tür war ohne Griff, ließ sich also nicht öffnen.
„Laß mich raus!" schrie Willi und ballerte an die Tür. „Es ist so dunkel hier drin! Das mag ich nicht!"
„Keine Bange, ich hol dich in Null Komma nix wieder raus", beruhigte ihn Otto.

Er brauchte ja nur ein paar Schrauben zu lösen.
Doch das war leichter gesagt als getan. Denn Frau Schmidt piepste aufgeregt unter seinem Ellbogen herum und war ihm im Weg. Willi indessen schrie im Schrank und klopfte von innen. Es war schwierig für Otto, sich auf seine Arbeit zu konzentrieren. Darum konnte er die Schrauben auch nicht in Null Komma nichts wieder herausdrehen.
Frau Schmidt machte solchen Lärm außerhalb des Schrankes, daß es Otto gar nicht auffiel, daß der Lärm im Schrank aufgehört hatte.
„Raus mit dir!“ sagte er, als die Tür endlich abgeschraubt war.
„Wo ist er nur?“ piepste Frau Schmidt aufgeregt und streckte den Kopf in den Schrank. „Ich habe ihn nicht heraus-kommen sehen.“

„Ist er ja auch nicht“, sagte Otto.
„Aber wo ist er dann?“ piepste Frau Schmidt.
„Hör auf mit dem Quatsch, Willi!“ sagte Otto streng und guckte ebenfalls in den Schrank. In irgend einer dunklen Ecke, so dachte er, würden ja wohl Willis Augen zwischen dem Schwanz hervorlugen.
Doch Willi war weg. Der Schrank war leer.
„Hallo!“ rief ein Stimmchen von ganz weit weg.
„Willi! Bist das du?“ rief Otto. Doch Willi, wenn er es war, der „hallo“ gerufen hat, antwortete nicht.
„Ich glaube, es ist besser, wenn ich Onkel hole“, sagte Otto. Er machte ein besorgtes Gesicht. „Nein, nein. Sie bleiben hier und suchen Willi. Ich hole Onkel“, sagte Frau Schmidt und rannte flink die Treppe hinunter. Als sie weg war, nahm Otto die Taschenlampe aus der Werkzeugtasche und leuchtete damit in eine dunkle Schrankecke nach der andern. Er tastete alle Wände ab, ob vielleicht irgendwo eine Geheimtür wäre, durch die Willi verschwunden war. Doch auch wenn es wirklich eine gab, er fand sie nicht.

Jetzt kam Onkel angestürmt. Er nahm immer zwei Stufen auf einmal. „Hast du ihn gefunden?“ keuchte er.
„Nein“, antwortete Otto. „Und ich mache mir große Sorgen.“ Onkel war es, der schließlich den Spalt zwischen den Fußbodenbrettern entdeckte. Durch Zufall, denn er geriet mit dem Fuß hinein.
„Der ist groß genug für Willi, um durchzufallen“, meinte er. Er kniete sich auf den Boden und rief durch den Spalt: „Willi! Bist du da irgendwo? Antworte mir!“
„Hallo!“ kam Willis Stimme von weither.
„Hilfe! Zu Hilfe!“ Aus dem Erdgeschoß kamen spitze Schreie und das Klirren und Scheppern von zerbrechendem Geschirr. Onkel und Otto eilten hinunter. Frau Schmidt stand in der Speisekammer. Um sie herum auf dem Boden lagen Scherben von Tellern und Schüsseln, Milchreis, gekochte Kartoffeln und zermatschte Tomaten. Sie war kreidebleich. Ihre Augen waren weit aufgerissen. Und sie deutete auf die gegenüberliegende Wand. Sie wollte etwas sagen, brachte aber kein Wort hervor. Otto wurde genauso blaß wie Frau Schmidt, als er sah, wohin sie

zeigte. Und auch er riß die Augen weit auf. In der Wand der Speisekammer war ein kleines Gitter, ein Lüftungsgitter. Es sollte frische Luft hereinlassen und den Raum kühl halten. Durch dieses Gitter leuchteten zwei Augen.
„Es gibt überhaupt keinen Grund zum Schreien!“ sagte jemand vorwurfsvoll. „Ich bin's doch nur!“
Es war Willi.
„Wie bist du denn da reingeraten?“ fragte Otto. Er preßte sein Gesicht so dicht ans Gitter, daß seine Nase auf der anderen Seite hervorkam.
Willi wollte alles erklären, doch Onkel befahl: „Fragen und Anworten gibt's später. Jetzt wollen wir ihn erst einmal befreien.“
„Eine prima Idee!“ bestätigte Willi.
Onkel räumte alles von dem Speisekammerregal, was Frau Schmidt noch nicht hinuntergeworfen hatte. Dann schraubte er das Gitter los.
Gleich darauf betrat ein staubiger, mit Spinnweben behangener und schrecklich aufgeregter Willi das Regalbrett.

„Ich glaube, du schuldest uns eine Erklärung", sagte Onkel.
„Ich habe ein tolles Abenteuer erlebt. Ich habe nämlich eine Geheimtreppe entdeckt!" rief Willi.
„Eine Geheimtreppe?" Diese Neuigkeit brachte Frau Schmidt sehr schnell wieder in die Wirklichkeit zurück.
„Eine Geheimtreppe? In meinem Haus? Wo denn?"
„Dahinter", sagte Willi und zeigte auf die Wand hinter sich.
„Nieder damit! Reißt sie nieder!" Frau Schmidt war wirklich sehr aufgeregt.
Doch Onkel und Otto waren genauso neugierig wie sie und begannen auf der Stelle mit dem Abreißen der Mauer. Bald darauf war die Speisekammer, war alles und jeder, der darin war, mit Staub bedeckt. Und in der Wand war ein so großes Loch, daß sie alle hindurch paßten.
Sie sahen eine schmale Wendeltreppe, die nach oben führte.
„Ich kenne den Weg, ich gehe voran!" rief Willi, bevor jemand Gelegenheit hatte, an ihm vorbei nach vorn zu gelangen.

Als sie oben ankamen, versperrten ihnen Holzbretter den Weg. Willi zwängte sich durch einen Spalt und war verschwunden.

„Da können wir nie durch“, sagte Otto und schaute über Onkels Schulter.

„Das brauchen wir auch nicht“, sagte Onkel. „Es ist eine Falltür.“ Er stemmte sich mit den Schultern dagegen und stieß sie auf. Dann stiegen sie die letzten Stufen hinauf, und dicht an dicht wie die Ölsardinen in der Dose standen sie in dem Wandschrank, den Otto kurz zuvor reparieren wollte und aus dem Willi auf so geheimnisvolle Weise verschwunden war.

Von diesem Tag an ließ Frau Schmidt all ihre Gäste die Geheimtreppe besichtigen. Und jeder war völlig verblüfft, wenn er im ersten Stock in den Wandschrank ging und dann in der Speisekammer im Erdgeschoß wieder herauskam. So wurde die Geheimtreppe bald zu einem Geheimnis, das jeder im Dorf kannte.

Der Leimpinsel

„So ein Mist!“ rief Tante Mathilda verärgert.
Der Nähkasten war ihr aus der Hand gerutscht und sein ganzer Inhalt herausgefallen. Garnröllchen rollten auf dem Fußboden, Nadeln steckten im Teppich fest, Knöpfe lagen bunt durcheinander. Tante Mathilda kniete nieder und begann, alles wieder fein säuberlich aufzuheben. Sie haßte jegliche Unordnung. Und diese Art von Durcheinander war ihr ganz besonders zuwider. Sie ärgerte sich maßlos darüber. Als erstes befestigte sie die verschiedenen Fächer wieder und stellte dabei fest, daß der Nähkasten beim Hinunterfallen kaputt gegangen war.

„O nein, das darf nicht wahr sein!“ rief sie bestürzt. Der Nähkasten war nämlich schon sehr alt. Er stammte von ihrer Großmutter, und er bedeutete ihr viel. Plötzlich war die ganze Unordnung auf dem Boden vergessen. Sie sammelte die Einzelteile des Nähkastens auf und eilte dann zum Holzhaus, ohne auch nur ihren Mantel oder den Hut anzuziehen, ja sogar, ohne von den Hausschuhen in die Ausgehschuhe zu schlüpfen.
„Was ist bloß los?“ fragte Onkel. Er war es nicht gewöhnt, Tante Mathilda so nahe den Tränen zu sehen.
„Mein Nähkasten“, schluchzte sie. „Er ist kaputt ... Kannst du ihn wohl wieder reparieren?“
„Gib her, ich schau ihn mir mal an“, sagte Onkel. Er legte die Bruchstücke auf der Bank aus und schob sie hin und her. Tante Mathilda sah ihm ängstlich zu.
„Das läßt sich mit ein bißchen Leim reparieren“, sagte er. „Willi, holst du mal bitte den Leim?“
Willi schleppte den Leimtopf herbei, und Onkel stellte ihn zum Aufwärmen auf den kleinen Kocher, den er hinter der Bank aufbewahrte. Der Leim mußte nämlich flüssig gemacht werden, damit er richtig klebte. Flüssig wurde er durch Erwärmen. Und das machte Onkel immer selbst.

Niemand außer ihm durfte den Leimtopf anfassen, wenn er heiß war.
Als der Leim weder zu warm, noch zu kalt, sondern gerade richtig war, sagte Onkel: „Den Pinsel für den Leim, bitte, Otto."
Otto holte ihn aus dem Pinselhalter. Dann hielt er zwei Bruchstücke bereit. Onkel tauchte den Pinsel in den Leim und bestrich sorgfältig die Kanten der Stücke. Endlich war er damit fertig und reichte Willi den Pinsel. Er nahm Otto die beiden Teile ab und preßte sie zusammen. Er mußte ganz vorsichtig vorgehen, und es brauchte seine Zeit.
Willi wollte seine Nase unbedingt unter Tante Mathildas Nase vorstrecken, damit er sehen konnte, was Onkel und Otto machten. Deshalb gab er nicht acht, was er mit dem Pinsel anstellte. Irgendwie geriet er zu nah an Tante Mathildas Rock. Otto sah, was geschehen war, und eilte ihm heimlich zu Hilfe. Der Leim war klebrig und zäh wie Zuckerrübensirup und nahm ein Stück Flausch von Tantes Rock weg. Inzwischen hatte Onkel zwei weitere Bruchstücke aus der Kiste geholt und war zum Leimen bereit.
„Pinsel!" sagte er zu Willi, schaute dabei aber auf seine Arbeit. Willi sorgte sich um den Leimfleck auf Tante Mathildas Rock.

Er paßte wieder nicht auf.
„Pfui Deibel!“ rief Onkel. Denn plötzlich hielt er lauter klebrige Borsten in der Hand.
„Tut mir schrecklich leid“, sagte Willi. Er machte mit Onkel Pinsel-Tauziehen.
„Benehmt euch!“ rief Tante Mathilda mißbilligend. „Es gibt Wichtigeres zu tun, als zu spielen.“
„Ich spiele nicht“, versicherte Onkel.
„Ich auch nicht“, sagte Willi.
Dann klebte Onkel die nächsten zwei Stücke zusammen. Er zögerte, bevor er Willi den Pinsel reichte.
„Sei diesmal vorsichtiger!“ befahl er streng.
Tante Mathilda starrte Willi an. Und Willi konnte nicht anders, er mußte einfach auf den Leimfleck auf ihrem Rock schauen, obwohl er sich die größte Mühe gab, es nicht zu tun.

Schließlich meinte Willi, es wäre sicherer, den Pinsel hinzulegen, damit nicht noch einmal etwas Dummes passierte.
Doch an den Borsten haftete noch Leim, deshalb konnte er ihn nicht einfach irgendwo hinlegen. Da hatte er eine Idee: Er klemmte den Pinsel mit dem Stiel zwischen zwei Holzplanken. Dort stand er wie ein stämmiger, klebriger Baum.
„Hier kann er an niemandem hängenbleiben", dachte Willi erleichtert.
„Pinsel!" sagte Onkel. Dann wiederholte er ungeduldig: „Den Pinsel bitte!"
Willi hatte ihn schon beim ersten Mal gehört. Erschrocken schaute er sich um.
„Er ist weg!" rief er entgeistert.
„Was soll das heißen – weg?" fragte Onkel.
„Das heißt, daß er weg ist ... verschwunden."
Otto warf schnell einen Blick auf Tante Mathildas Rock und atmete erleichtert auf. Da klebte der Pinsel zumindest nicht.
„Er ist aber nicht spurlos verschwunden, er ist genau hinter dir", sagte Tante Mathilda zu Willi.
„Wo?" fragte Willi und drehte sich wie ein Kreisel.
„Aua!" Tante Mathilda schrie auf. Etwas Hartes hatte ihr gegen das Schienbein geschlagen.
„Aua!" schrie auch Otto. Etwas ebenso Hartes hatte ihn am Schienbein getroffen.
„Stehenbleiben!" befahl Onkel streng.
Als Willi aufhörte, sich im Kreis zu drehen, bekam er von

hinten einen Schlag auf den Kopf. Ohne daß Willi es bemerkt hatte, war sein Schwanz an die klebrigen Borsten des Pinsels geraten. Und nun baumelte der Pinsel als hölzerne Verlängerung an seinem Schwanz.
„Helft mir! Macht ihn weg!“ bat er. Und „au!“ schrie er, als Onkel daran zog.
Pinsel und Schwanz hingen bereits so lange aneinander, daß der Leim ausgehärtet war. Beide waren nun pickelfest miteinander verbunden.
„Weicht den Leim mit Wasser auf!“ riet Tante Mathilda. Willi saß eine halbe Ewigkeit da und hielt seinen Schwanz in einen Eimer mit Wasser. Doch das einzige, was passierte, war, daß der Schwanz naß und Willi vom langen Sitzen

völlig steif wurde. Pinsel und Schwanz aber ließen nicht voneinander los.
Willi malte sich schon aus, was er mit dem Pinsel am Schwanz alles nicht mehr würde tun können.
„Es bleibt uns gar nichts anderes übrig, als ihn abzuschneiden", meinte Tante Mathilda und griff zur Schere.
„Bitte, laßt es nicht zu!" flehte Willi. „Bitte, laßt nicht zu, daß sie meinen Schwanz abschneidet."
„Du dummer Waschbär!" rief Tante Mathilda. Und als Willi zu fliehen versuchte, befahl sie Otto: „Los, fang ihn und halte ihn fest!"
Schnipp, schnapp! machte die Schere. Willi war sehr überrascht, daß es nicht weh tat. Er hatte fest damit gerechnet, daß das Abschneiden schmerzen würde. Aber natürlich wurde der Schwanz gar nicht abgeschnitten.

Tante Mathilda hatte nur den Pinsel weggeschnitten. Ein paar lange Haare vom Schwanzende klebten daran, und einige Schwanzhaare waren wesentlich kürzer als vorher, aber das war auch schon alles. Ach, wie erleichtert war Willi!

Tante Mathilda übernahm von da an die Verantwortung für den Leimpinsel, und es ging auch wirklich nichts mehr schief. „Danke", sagte Tante Mathilda, als der Nähkasten schließlich wieder ganz war. „Es hat zwar länger gedauert, als ich dachte", ... alle guckten Willi an, und der betrachtete aufmerksam seine Fußspitzen ... „doch trotzdem danke ich euch allen ganz herzlich."

Willi aber hatte sich geschworen: Wann immer Onkel nach dem Leimpinsel rufen würde, hätte er, Willi, ganz bestimmt etwas am anderen Ende des Holzhauses zu tun.

Die Rettung

„Hilfe! Helft mir!“ Willi kam schreiend ins Holzhaus gerannt. Seine Schnurrhaare zitterten, sein Schwanz flatterte waagerecht hinter ihm her.
Otto blickte vom Sägen auf, Onkel hörte auf zu meißeln.
„Was gibt's?“ fragten sie.
Willi sprudelte die Wörter völlig wirr hervor. „Kanin ... Baum ... klett ... fall ... Fluß ...“
Sie verstanden überhaupt nichts, doch sie hatten keine Zeit, Fragen zu stellen, und er hatte keine Zeit, seine Erklärungen zu wiederholen.
„Kommt schnell mit!“ rief er nur. Und schon verschwand er in einer Staubwolke durch die Tür.
„Ich glaube, wir laufen am besten hinterher“, meinte Onkel und legte den Beitel zur Seite.
„Da hast du wahrscheinlich recht“, stimmte Otto zu und legte die Säge hin.
Obwohl die beiden lange Beine hatten, dauerte es eine ganze Weile, bis sie Willi eingeholt hatten. Wie ein Wiesel rannte er mit seinen kleinen Beinen voran.

„Beeilt euch ... Los, beeilt euch!“ rief er immer wieder. „Beeilt euch, sonst passiert etwas Schreckliches!“
Willi führte sie zum Flußufer. Und dort, an einen Ast, der über den Fluß ragte, klammerte sich in Todesangst ein Kaninchen.
Otto rieb sich die Augen und guckte dann noch einmal hin. „Was hat ein Kaninchen auf einem Baum verloren?“ fragte Onkel verwundert.
„Jemand hat es dazu aufgestachelt. Er hat behauptet, Kaninchen könnten nicht klettern. Da hat dieses hier gesagt, es würde ihm das Gegenteil beweisen. Und es ist hochgeklettert. Doch nun hängt es da oben fest. Ihr müßt es herunterholen, bevor es ins Wasser fällt. Es kann nämlich nicht schwimmen. Wenn es in den Fluß fällt, ertrinkt es.“

Otto sah nicht ein, warum das so sein sollte. Wenn das Kaninchen auf einen Baum klettern konnte, dann konnte es ja vielleicht auch schwimmen. Aber das Kaninchen wollte niemandem mehr etwas beweisen. Es war müde und wollte nur noch gerettet werden.
Also stieg Otto auf den Baum hinauf. Die Zweige waren recht dünn, und sie federten gefährlich, je weiter er sich auf ihr Ende zu bewegte.
„Du bist zu schwer!“ rief Onkel. „Komm herunter, bevor der Ast bricht und ihr beide ins Wasser fallt!“
Otto war überglücklich, als er wieder festen Boden unter den Füßen hatte. Aber damit war das Kaninchen immer noch nicht vom Baum herunter.
„Bitte, holt mich hier herunter ...“, bat es kläglich.
„Kannst du denn nicht allein wieder zurückklettern?“ fragte Otto.

„Ich hab solche Angst!“ sagte das Kaninchen. „Gewöhnlich habe ich festen Boden unter den Füßen. Ich weiß wirklich nicht, was ich jetzt tun soll.“
„Wir müssen uns etwas einfallen lassen“, meinte Onkel.
Und er hatte eine Idee. Er ging vom Ufer aus in den reißenden Fluß. Er watete über den steinigen Grund, bis er genau unter dem Kaninchen stand.

Da streckte er seine Arme in die Höhe.
„Los, laß dich fallen, ich fang dich auf!" rief er.
„Ich kann nicht!" wimmerte das Kaninchen. „Ich hab Angst."
„Du mußt aber loslassen!" rief Willi. „Sonst kommst du nie da runter." Doch das Kaninchen war nicht bereit, sich auch nur einen Millimeter weiterzubewegen. „Das ist wirklich lächerlich", sagte Otto, als Onkel zum Ufer zurückwatete.
„Ein Kaninchen hat auf einem Baum nichts zu suchen!"
„Ob es da etwas zu suchen hat oder nicht, es ist auf dem Baum", stellte Onkel fest. „Und wir müssen uns etwas einfallen lassen, um es da runterzuholen."
„Setz dich auf meine Schultern, wir wollen versuchen, es runterzuheben", sagte Onkel. Das klang sehr einfach. Onkel bückte sich, damit Otto vom Ufer aus direkt auf seine Schultern steigen konnte.

Vorsichtig, ganz vorsichtig richtete sich Onkel auf und watete dann in den Fluß.
Das Problem war, daß er über Steine gehen mußte. Und die schmerzten ihn an den Füßen, und darum schwankte er.
Ottos Problem war, daß er nichts hatte, um sich festzuhalten.
Er schwankte, versuchte in seiner Verzweiflung sogar, sich am Himmel festzuhalten, und verlor schließlich das Gleichgewicht. Auch Onkel kippte um.
Platsch! Das Wasser spritzte gewaltig in die Höhe.
Es erreichte sogar das Kaninchen oben im Baum und machte es pitschnaß. Dann klatschte das Wasser auf Onkel und Otto zurück. Die beiden saßen bis zum Kinn im Fluß.
Sie waren so mit Wasserspucken und Prusten beschäftigt, daß sie nicht mitbekamen, was dann geschah.
Willi sauste nämlich den Baum hinauf und dann an dem dünnen Ast entlang.
Er hatte nachgedacht. Und nun wußte er ganz genau, was zu tun war.
„Hör mir gut zu", sagte er zu dem Kaninchen, „und dann tu genau das, was ich dir sage. Ich werde dir sagen, wo du deine Füße hinsetzen und wo du dich festhalten mußt."
„Aber ich werde runterfallen", schluchzte das Kaninchen.
„Wenn ich dich festhalte, fällst du bestimmt nicht", versicherte Willi. Er bewegte sich rückwärts immer näher auf das Kaninchen zu.
„Komm nicht näher ... du kitzelst sonst meine Nase ... dann muß ich niesen ... und dann falle ich ganz bestimmt runter", kreischte das Kaninchen.

„Stell dich nicht so dumm an“, sagte Willi. „Ich werde meinen Schwanz um dich wickeln und dich damit festhalten.“ Wenn Onkel und Otto hingeschaut hätten, dann hätten sie folgendes gesehen: Das Kaninchen, mit Willis Schwanz wie eine Krause um seinen Hals, kroch langsam, Zentimeter um Zentimeter, an dem gefährlichen, federnden, auf und ab springenden Ast entlang.
Zweimal setzte es seinen Fuß falsch und begann zu rutschen. Doch jedesmal zog Willi den Schwanz fester um das Kaninchen. Und jedesmal hielt er selbst sich gut fest. Beide Male überstanden sie die Gefahr. Und schließlich hatten alle zwei sicheren Boden unter den Füßen.
Als Onkel und Otto endlich aufhörten, Wasser zu spucken, sahen sie Willi und das Kaninchen nebeneinander am Ufer stehen und lachen. Sie lachten über sie!

Onkel sah erst das Kaninchen an, dann den leeren Ast über seinem Kopf, dann wieder das Kaninchen.
„Wie bist du da runtergekommen?“ fragte er.
„Vielleicht ist es geflogen“, meinte Otto. „Diesem Kaninchen traue ich alles zu. Wahrscheinlich ist es ein Elefant, der sich verkleidet hat.“
Da erzählte das Kaninchen, wie Willi es vom Baum heruntergelotst hatte.
„Warum hast du das nicht gleich gemacht?“ fragte Otto.
„Weil mir's nicht früher eingefallen ist“, sagte Willi, „sonst hätte ich's bestimmt schon längst gemacht!“
„Sollte wieder einmal ein Notfall sein, denk erst nach, und reg dich dann auf“, sagte Onkel und wischte sich die Wassertropfen aus den Augenbrauen. „Damit könntest du uns allen eine Menge Aufregung ersparen.“